Gilmar Ferreira Mendes

JURISDIÇÃO CONSTITUCIONAL DA LIBERDADE PARA A LIBERDADE

Avaré
2025

CONTRA CORRENTE
10 ANOS

Travessa Vergílio de Araújo Valim, 167
Avaré – SP – Brasil | CEP 18707 815
www.editoracontracorrente.com.br
contato@editoracontracorrente.com.br

EDITORES
Camila Almeida Janela Valim
Gustavo Marinho de Carvalho
Rafael Valim
Walfrido Warde
Silvio Almeida

EQUIPE EDITORIAL
COORDENAÇÃO DE PROJETO **Erick Facioli**
PREPARAÇÃO DE TEXTO **Amanda Dorth**
REVISÃO **Douglas Magalhães**
REVISÃO TÉCNICA **Beatriz Duarte Lopes**
PROJETO GRÁFICO E CAPA **Maikon Nery**
DIAGRAMAÇÃO **Gisely Fernandes**
ILUSTRAÇÃO **Furuya Korin**

EQUIPE DE APOIO
Carla Vasconcelos
Regina Gomes
Geovanna Sales
Julia Falanghe

Mendes, Gilmar Ferreira
Jurisdição constitucional da liberdade para a liberdade / Gilmar Ferreira Mendes. -- 1. ed. -- Avaré, SP : Editora Contracorrente, 2025.

Bibliografia.
ISBN 9978-65-5396-262-0

1. Direito constitucional - Brasil 2. Homenagem 3. Jurisdição constitucional 4. Mendes, Gilmar Ferreira, 1955- I. Título.

25-260336 CDU-34(81)

Índices para catálogo sistemático:
1. Brasil : Direito : Estudos em homenagem 34(81)
Aline Graziele Benitez - Bibliotecária - CRB-1/3129

@editoracontracorrente
Editora Contracorrente
@ContraEditora
Editora Contracorrente

Apresentação

Paulo Sávio Maia

Coordenador-executivo do Centro Hans Kelsen de Estudos sobre a Jurisdição Constitucional (IDP/Brasília). Doutorando (USP). Mestre e Bacharel (UnB). Foi chefe de gabinete e assessor do Ministro Gilmar Mendes no Supremo Tribunal Federal (2020-2023); e, antes, aluno (2005).

Foi certamente sem considerar um dos mais belos costumes universitários, o Doutorado *Honoris Causa*,[1] que Dirceu vaticinou que "as glórias que vêm tarde já vêm frias".[2]

Algo bem diferente ocorreu aos 30 de agosto de 2024, no Salão Vermelho da Faculdade de Direito da Universidade de Buenos Aires, quando da cerimônia de investidura de Gilmar Ferreira Mendes no título de Doutor *Honoris Causa* daquela Academia. O que havia era uma atmosfera energizada – se me for permitido o trocadilho óbvio com a "Tormenta de Santa Rosa", que estava a cair na capital argentina naquele momento, como de praxe.[3]

1 "As referências a *honorary degrees* em universidades inglesas remontam ao século XV. O primeiro outorgado em Oxford corresponde a Lionel Woodville em 1478 ou 1479, e no caso de Cambridge ao poeta John Skelton em 1493. Em Oxford, a concessão de graus a prelados, magnatas e nobres aparece no *Laudian Code* de 1634, mas o primeiro uso da expressão *honoris causa* nos registros de graus corresponde a 1651" (HERNÁNDEZ DE CASTRO, Jerónimo. "Los primeros Doctorados *Honoris Causa* en España". *In*: RODRÍGUEZ, Juan Luis Polo *et al.* (Coord.). *Universidades Hispánicas*: modelos territoriales en la Edad Moderna vol. I: Santiago, Toledo, Sevilla, Barcelona y Huesca. Salamanca: Universidad de Salamanca, 2007, p. 284).

2 GONZAGA, Tomás Antônio. *Marília de Dirceu*. São Paulo: Companhia das Letras, 2023, Parte I, Lira XIV.

3 Em Buenos Aires (mas não apenas lá), é comum que o final do inverno seja acompanhado de uma forte chuva por volta de 30 de agosto, que incidentalmente é o dia de Santa Rosa de Lima.

Aqueles que lá compareceram testemunharam raro instante em que o homenageado se despojou da *gravitas* que o caracteriza, muito por causa da *laudatio* prelecionada por Raúl Gustavo Ferreyra, Catedrático de Direito Constitucional daquela Faculdade. Em sua fala, o orador evidenciou muito completamente os motivos pelos quais ninguém conseguirá contar a história da ordem constitucional brasileira de 1988 sem reservar capítulo para certo cidadão de Diamantino/MT que, em 1975, decidiu cursar Direito na Universidade de Brasília. O resto é história: Brasília não mais assentiu na saída do diamantinense, com exceção dos períodos passados em Bonn e Münster, para qualificação acadêmica.

Os motivos declinados por Ferreyra eram conhecidos por muitos dos brasileiros que compuseram a plateia, mas a completude do enfoque, que bem notou a simbiose existente entre os feitos doutrinários e jurisprudenciais do homenageado, é digna de nota, como o leitor poderá contemplar nesta edição.

Não tenho procuração para falar em nome do Professor Gilmar, tampouco do Ministro Gilmar Mendes, todavia afianço que dali saiu um renovado Gilmar Ferreira Mendes, que, durante aquelas duas horas de duração da cerimônia, reconectava-se com seu passado e, mais que isso, com aquilo que tomou como missão de vida: o aperfeiçoamento institucional do Estado. É este o fio que perpassa: centenas de publicações científicas nesses quarenta anos de docência; inúmeras minutas de anteprojetos de lei formulados quando de sua passagem no assessoramento da Presidência da República[4]; reformas hercúleas como a unificação das carreiras da advocacia pública federal, promovida quando na função de Advogado-Geral da União (2001-2002); o aprimoramento do sistema de justiça (*v.g.* mutirões carcerários) durante a Presidência do Conselho Nacional de Justiça; seus inúmeros acórdãos prolatados no exercício da magistratura constitucional (desde 2002).

Compatibilizar *ação* e *reflexão* é desafio dos mais sensíveis para o intelectual. Em *O Testamento*, Rainer Maria Rilke bem apreendeu esse dilema, que por razões biográficas expressava-se, para o poeta, numa contraposição entre amor/trabalho; não sendo a ascese uma saída possível – quando muito, um comportamento irresponsável[5] –, um dos maiores progressos que se poderia lograr seria o de não conceber o dilema como... dilema: "o princípio que caracteriza meu trabalho é uma submissão apaixonada ao objeto que me ocupa".[6]

4 Do que é exemplo a lei que instituiu os Juizados Especiais Federais (Lei n. 10.259/2001), aquela que aperfeiçoou o processo constitucional de elaboração, redação e alteração das leis (LC n. 95/1998) e aquelas que fixaram o procedimento das ações diretas de controle de constitucionalidade (Leis n. 9.868/1999 e n. 9.882/1999).

5 "A ascese não constitui naturalmente uma saída (...). Aquele, porém, que está obrigado pelos sentidos a tomar por puros os fenômenos e por verdadeira a forma na Terra, como poderia iniciar-se na renúncia? E mesmo que ela se lhe mostrasse útil e prestimosa, ainda assim permaneceria logro, ardil, engano e, por fim, se vingaria em algum ponto dos contornos de sua obra como dureza, sequidão, recalcitrância, covardia do fruto" (RILKE, Rainer Maria. *O Testamento*. Trad. Tercio Redondo. Rio de Janeiro: Globo, 2009, p. 79).

6 RILKE, Rainer Maria. *O Testamento*. Trad. Tercio Redondo. Rio de Janeiro: Globo, 2009, p. 117.

Por razões absolutamente inversas às de Rilke, tal bem descreve a dedicação que o homenageado sempre teve para com o objeto de estudo de sua predileção. Objeto do qual se *ocupou* e, indo além, *conformou*. Sim, no Brasil, falar de jurisdição constitucional é falar de desenvolvimentos protagonizados por Gilmar Ferreira Mendes. O discurso do Decano da Faculdade de Direito da Universidade de Buenos Aires, Leandro Vergara, e a *laudatio* de Raúl Gustavo Ferreyra mostram que esses esforços é realidade bem percebida na Argentina. Tal já havia ficado explícito um pouco antes, no seminário organizado pela Cátedra-Ferreyra, em 28 de agosto de 2024, e, um dia após, no lançamento de obra de Peter Häberle prefaciada por Gilmar Ferreira Mendes e que conta com epílogo de Raúl Gustavo Ferreyra.[7] Ao longo de todo esse programa, Carolina Cyrillo, que trabalhou com afinco na organização, falou-me, por mais de uma vez, que eu estava a ver as razões pelas quais o Conselho Superior da Universidade de Buenos Aires deliberou por unanimidade sobre a concessão do *Honoris Causa*.[8] Foi apenas o segundo brasileiro a ser agraciado com a distinção, para além de Paulo Bonavides.

As palavras do homenageado, na sua *lectio doctoralis*, confirmam a predileção do jurista pela jurisdição constitucional, ao mesmo tempo em que permitem entrever que os vários desenvolvimentos por ele encabeçados nesse campo espelham as proverbiais assertividade e tenacidade que lhe caracterizam.

7 HÄBERLE, Peter. *Libro constitucional, de lectura y de la vida latinoamericano*: en el contexto de una teoría constitucional universal. Trad. Laura Carugati e Gastón Rossi. Buenos Aires: Ediar, 2024.

8 Em 13 de março de 2024.

Sem uma ou outra, jamais teria saído de Diamantino nem sido alçado à posição de protagonista em sua área de atuação e muito menos agraciado com o título de Doutor *Honoris Causa* de uma universidade que diplomou cinco vencedores do Prêmio Nobel.

Saúdo, com entusiasmo, Rafael Valim e a Contracorrente pela iniciativa editorial. O acesso às falas produzidas ao longo da láurea inspirará aqueles que estão a começar e confirmará os que perseveram, porque nelas encontrarão mostra eloquente de que:

"Doce é o louvor e a justa glória
dos próprios feitos quando soados"
(Os Lusíadas, C. V, 92).

Abertura do ato de investidura de Gilmar Ferreira Mendes como Doutor *Honoris causa* da Universidade de Buenos Aires

Leandro Vergara

Decano da Faculdade de Direito da Universidade de Buenos Aires (UBA).

O Doutorado *Honoris Causa* é a máxima distinção que outorga a Universidade de Buenos Aires àqueles que, em razão de sua trajetória de vida, das tarefas realizadas, de seu talento e de seu desempenho tenham se destacado num trabalho excepcional. É a máxima distinção, acima não há mais nada.[9]

Entre os muitos convidados, como o senhor Embaixador do Brasil, a quem agradeço enormemente a presença, seria possível que alguém cogitasse que a distinção do Doutorado *Honoris Causa* seria algo que a Universidade de Buenos Aires e esta Faculdade de Direito outorgam regularmente. Nesse sentido, minhas palavras poderiam parecer que, por ser muito querido, Gilmar, todos gostariam de homenageá-lo. No entanto, eu gostaria de pedir a paciência dos vários juristas aqui presentes para que me seja permitido ler, apenas de maneira aleatória, alguns dos nomes já agraciados com o título, que não são muitos.

Permitam-me que eu leia alguns dos nomes da lista que aqui tenho e que acredito esteja completa com a totalidade dos agraciados: Robert Alexy, Manuel Atienza, Norberto Bobbio, Mario Bunge, François Chabas (que é um distinto civilista),

9 Tradução de Carolina Cyrillo, Professora das Faculdades de Direito da UFRJ e da UBA.

Jacques Derrida, Manuel García-Pelayo, Ernesto Gastón Valdés, Peter Häberle, Antonin Scalia, Jeremy Waldron, Ronald Dworkin, George Henrik von Wright... Estupendo! Eu mesmo leio e não acredito. Há outros, mas não muito mais outros. Desde que sou Diretor dessa Faculdade, devo mencionar Juan Antonio García Amado. Do Brasil, temos Paulo Bonavides; e acredito que o segundo brasileiro Doutor *Honoris Causa* seja o Professor Doutor Gilmar Ferreira Mendes.

Algumas vezes essas distinções são, como eu disse anteriormente, um reconhecimento pela trajetória, porém, em muitos casos, elas têm dupla face: pela trajetória e pelo futuro. Estou seguro, tenho total certeza, de que vamos trabalhar muito juntos, Gilmar. Vamos colher muitos frutos dessa relação que a partir daqui se estabelece.

Assim que estou muito feliz, Gilmar, de te ter aqui conosco. Parabéns!

Lectio Doctoralis – "Jurisdicción constitucional de la libertad para la libertad"

Gilmar Ferreira Mendes

Senhor Decano da Faculdade, Prof. Dr. Leandro Vergara;
Senhor Prof. Titular Raúl Gustavo Ferreyra;
em nome dos quais cumprimento as Professoras, os Professores e os estudantes da mais significativa Faculdade de Direito da América do Sul, aquela que formou 15 (quinze) Presidentes da Nação Argentina;
cumprimento, também, todos os servidores de tão distinta Universidade – o elogio não é gratuito: poucas coisas são tão distintas como ter cinco pesquisadores agraciados com o Prêmio Nobel.

Desde que recebi a grata notícia do meu ingresso no Colégio de Doutores Honorários da Universidad de Buenos Aires, uma *memória* tem me visitado constantemente.

Essa memória me transporta para 1978. O Brasil completava o 14º ano de ditadura militar; e levaria outros sete anos para o retorno da democracia. Naquela "noite profunda e escura da alma", ainda eram "3 horas da madrugada".

Em julho de 1978, concluí o curso de Direito pela Universidade de Brasília. No Brasil, existe o hábito de se fazer uma cerimônia solene de recebimento de diplomas. Nela, se escolhe uma personalidade notável para ser homenageada ("Paraninfo") e um dos alunos para ser o "Orador". A Turma de Direito de 1978 seguiu essa tradição, mas cometeu um ato de *ousadia* e outro de *temeridade*. A propósito, temos aqui, além de mim, outra componente dessa Turma, a Guiomar.

A *ousadia* da Turma de 1978: homenagear o Dr. Sobral Pinto. Da última vez que uma turma universitária achou de condecorar o mais firme adversário da tortura e do terrorismo de Estado, dez anos antes, em 1968, a história não acabou bem: Sobral Pinto, o mais combativo e competente dos advogados brasileiros, foi arrancado de seu quarto de hotel para ser arbitrariamente detido numa unidade do Exército.

Agora, a *temeridade* da Turma de 1978: elegeu-me orador. Nunca fui muito dado a filtros. Nos meus singelos limites de estudante, me lembrei daqueles "que não se calaram face à onipotência do Leviatã redivivo" nesses "longos anos de (...) opressão cada vez maior causada pelo Estado de Exceção", e assim concluí:

> Não há fugir a este dilema: ou entendemos o Direito como instrumento realizador de Justiça Social, ou estaremos todos a corroborar a fina ironia de Anatole France ao afirmar que a lei, na sua majestática igualdade, proíbe igualmente ao rico, como ao pobre, furtar um pão, dormir sob as pontes e mendigar pelas ruas.

O fecho do discurso resume bem qual era o *principal dilema que se apresentava para a minha geração*: transformar uma realidade social desoladora por meio de normas que, historicamente, sempre foram de baixíssima eficácia, as normas constitucionais.

Foi uma felicidade descobrir que esse problema era também *meu* – sim, há alguma verdade na ironia de Stephan Zweig: "não há maior fortuna no destino de uma pessoa do que descobrir a missão de sua vida no meio dela".

Meus méritos nessa descoberta, todavia, são pequenos. Tive bons mestres. Devo tudo a eles. Tudo. Alguns eram Professores de vida, como o Senador Paulo Brossard, cuja verve impecável e compromisso com o retorno da democracia produziam discursos memoráveis. Professores de universidade, como Josaphat Marinho, que combinava como ninguém erudição e senso prático. Ninguém frequentava seus cursos impunemente: o preço pago por seus alunos era adquirir o hábito do pensamento crítico e travar contato com doutrina de ponta.

E dessa doutrina nós tínhamos o relato de que as democracias europeias estavam a experimentar uma nova forma de relacionamento entre Estado e indivíduo desde o fim da Segunda Guerra. Desde então, essa relação tinha como pedra de toque a promoção de padrões de cidadania encartados em direitos exclusivos dos indivíduos. Direitos que possuíam contraparte em obrigações universais dos órgãos do Estado.[10]

O constitucionalismo alemão exerceu papel de destaque nesse marco. Não só pela tônica que a Lei Fundamental de Bonn conferiu aos direitos fundamentais, mas também por transpor a tradicional compreensão filosófico-teológica de

10 THORNHILL, Chris. "A Constituição de Weimar como uma Constituição militar". *In*: BERCOVICI, Gilberto (Coord.). *Cem Anos da Constituição de Weimar*. São Paulo: Quartier Latin, 2019, p. 271.

dignidade da pessoa humana para um texto constitucional juridicamente vinculante.[11]

O diálogo desse novo modelo com *outras* ordens constitucionais ensinava muito para o Brasil.

Na *Itália*, o reconhecimento de direitos fundamentais no texto constitucional gerou um mal-estar: constatou-se que esses direitos solenemente anunciados não habitavam o cotidiano do cidadão comum; apenas tangenciavam a realidade constitucional, porém nela não interferiam.

Um distinto jurista italiano não se conformou com esse estado da arte. Era Mauro Cappelletti. Em seu diagnóstico, a ineficácia dos direitos fundamentais deriva da inadequação de sua tutela. Situações jurídicas protegidas por direitos fundamentais não podem receber o mesmo tratamento que a jurisdição ordinária reserva para violações a direitos subjetivos privados, de cunho patrimonial. Portanto, a ausência de uma tutela procedimental diferenciada era a responsável por essa "situação de irrealidade da Constituição Italiana".

Feito o diagnóstico, Mauro Cappelletti sugeriu uma solução: os direitos fundamentais abandonam a condição de meras "normas programáticas" e assumem de vez o caráter de "normas preceptivas" com a institucionalização de uma *jurisdição constitucional das liberdades* (*Grundrechtsgerichtsbarkeit*).[12]

11 HÄBERLE, Peter. "A dignidade humana como fundamento da comunidade estatal". *In*: SARLET, Ingo Wolfgang (Coord.). *Dimensões da dignidade*: ensaios de Filosofia do Direito e Direito Constitucional. 2ª ed. Porto Alegre: Livraria do Advogado, 2009, p. 75.

12 CAPPELLETTI, Mauro. *La Jurisdicción Constitucional de la Libertad*. Trad. Héctor Fix-Zamudio. Ciudad de México: Imprenta Universitária, 1961.

O sucesso que essa expressão conheceu no Ocidente latino deve-se à sua capacidade de articular produtivamente com a dimensão processual da garantia da Constituição.

E quando o assunto é normatividade constitucional, procedimento não pode ser reduzido a formalidade acessória. Disso já era consciente Hans Kelsen, em 1928, quando alertava que a *eficácia normativa da Constituição* dependia das *formas processuais* disciplinadoras desse controle.[13] Disso já era consciente, no Brasil, e até antes, Rui Barbosa, quando desenvolve a "doutrina brasileira do *habeas corpus*".

Na Europa do pós-guerra, essa *relação de dependência* entre eficácia normativa e processo foi conscientemente assumida e trabalhada. Esse novo "tipo" chamado "Estado Constitucional" investe a jurisdição constitucional no papel de garantidora das liberdades democráticas[14] e tem os procedimentos na conta de lugar adequado para o exercício da cidadania. Uma normatividade constitucional "aberta" requer o estabelecimento de vias procedimentais adequadas para a participação plural. Por essas razões e muitas outras, Peter Häberle, na década de 1970, assumia a premissa de que processo

13 KELSEN, Hans. "La garanzia giurisdizionale della Costituzione". *In*: ______. *La giustizia costituzionale*. Milão: Giuffrè, 1981, p. 194. Aponta, corretamente, Kelsen como fundador da disciplina "Direito Processual Constitucional" (*Verfassungsprozeßrecht*): FIX-ZAMUDIO, Héctor. "Das Problem der Verfassungskontrolle". *Jahrbuch des Öffentlichen Rechts der Gegenwart*, Band 25, 1976, p. 655.

14 ZAGREBELSKY, Gustavo; MARCENÒ, Valeria. *Giustizia Costituzionale*. Bolonha: Il Mulino, 2012, p. 63.

constitucional é direito constitucional materializado (*konkretisiertes Verfassungsprozeßrecht*).[15]

Não será exagerado afirmar, em léxico hegeliano, que "jurisdição constitucional das liberdades" capta seu tempo em conceito. Nos lugares em que o tipo do Estado Constitucional germinou, a institucionalização procedimental da tutela de direitos fundamentais foi prontamente assimilada pelas respectivas sociedades civis. Demandas que pleiteavam concretas melhorias de vida passaram a ser rotineiramente expressas na gramática dos direitos fundamentais e veiculadas pelo *medium* dos procedimentos jurisdicionais – é claro, observados os limites impostos pelo princípio da forma judicial (*Gerichtsförmlichkeit*).[16]

Superada aquela noite escura e profunda na alma brasileira que foi o regime militar, a Assembleia Nacional Constituinte de 1987-1988 presenteou o Brasil com uma ordem institucional inequivocamente filiada ao tipo do Estado Constitucional. Estão presentes, na Constituição de 1988, todos aqueles requisitos que Peter Häberle reputa intrínsecos ao modelo: (i) dignidade humana como premissa antropológico-cultural; (ii) soberania popular e separação de Poderes, (iii)

15 HÄBERLE, Peter. "Verfassungsprozeßrecht als konkretisiertes Verfassungsrecht – Im Spiegel der Judikatur des BVerfG". *JuristenZeitung*, Tübingen, vol. 31, nº 13, 1976, pp. 377-384.

16 PESTALOZZA, Christian. *Verfassungsprozeßrecht*: Die Verfassungsgerichtsbarkeit des Bundes und der Länder. 2ª ed. Munique: C. H. Beck, 1982, p. 6.

direitos fundamentais e tolerância; (iv) pluralidade dos partidos e independência dos tribunais.[17]

Goste-se ou não, a Constituição democrática de 1988 traçou um caminho para resolver aquele dilema que pairava sobre corações e mentes dos constitucionalistas da minha geração. A redemocratização do Estado brasileiro investiu no fortalecimento das instituições de controle, especialmente do Poder Judiciário. Este sempre estará disponível para o cidadão brasileiro quando os Poderes Executivo e Legislativo se omitirem no cumprimento de seus *deveres de proteção.*

Por mais que seja possível apontar algum excesso na solução adotada, é inquestionável que a ênfase da Constituição de 1988 no *Poder Judiciário* encontra justificativa naquela realidade de exclusão social que se buscava transformar.

Isso diz muito sobre o modelo adotado. É também Peter Häberle que recorda que o Estado Constitucional toca ao mesmo tempo à *ratio* e à *emotio* e implica o *princípio esperança.* Deve ser concedido ao ser humano espaço para um "quantum de utopia", na medida em que os textos constitucionais normatizem esperanças que constituem, ao menos, "desejos de utopia" concretos.[18]

A ênfase em uma agenda social está estampada logo no início da Constituição de 1988. Uma vez "constitucionalizados", esses "desejos de utopia" fomentaram o surgimento de

17 HÄBERLE, Peter. *El Estado Constitucional.* Trad. Héctor Fix-Fierro. Ciudad de México: Universidad Autónoma de México, 2001, p. 3.

18 HÄBERLE, Peter. *El Estado Constitucional.* Trad. Héctor Fix-Fierro. Ciudad de México: Universidad Autónoma de México, 2001, p. 7.

uma comunidade nacional engajada na realização dos valores proclamados solenemente no texto constitucional.

Passados trinta e cinco anos de vigência da Constituição, os resultados depõem a favor da escolha adotada pela Assembleia Nacional Constituinte. O Brasil possuía índices sociais que nos faziam passar vergonha diante da comunidade internacional. Para ficar em apenas um exemplo: passamos de uma taxa de 49,4 óbitos para cada 1.000 bebês nascidos com vida (1990) para 12,4 óbitos (2021). Embora ainda haja muito o que fazer, não se pode diminuir o significado desse feito da política – da boa política.

A César o que é de César: essa é uma vitória das instâncias políticas, não do Poder Judiciário. Faço, porém, uma pergunta: alguém consegue sustentar, seriamente, que estaríamos melhor se omissões administrativas em matéria de saúde não pudessem ser enfrentadas judicialmente? Será mesmo – indago eu – que uma idealização do princípio da separação dos Poderes justificaria transformar a realização do direito fundamental à saúde em simples opção da Administração Pública, a depender de sua conveniência?

É desafiadora a situação em que se encontra a "jurisdição constitucional das liberdades". Uma época em que as liberdades fundamentais são invocadas para destruir a estrutura político-jurídica que as possibilita, o Estado Constitucional. Raúl Gustavo Ferreyra tem considerações insuperáveis sobre o assunto:

> Las formas autoritarias son una pulsión inherente en el tipo de Estado Constitucional y democrático, y la historia y el presente

demuenstran que la "palabra 'libertad' no necesariamente se usa para la defensa del sistema constitucional basado en los derechos humanos, sino, al contrario, puede ser utilizada para la destrucción de la Constitución".[19]

Que feliz que sou por desfrutar do convívio de pessoas como Leandro Vergara e Raúl Gustavo Ferreyra. Eles me fizeram e fazem lembrar da advertência de Michel de Montaigne: "assim como o nosso espírito se fortalece na convivência com os espíritos rigorosos e sensatos, também se empobrece e degenera pelo comércio com os vulgares e doentios".

Eu aqui me lembro da minha passagem pela Administração Pública. Não posso deixar de registrar os meus longos anos integrando o Governo Fernando Henrique Cardoso, que fez profundas reformas no Brasil a partir do combate à inflação (o Plano Real faz agora trinta anos). Tínhamos, então – senhores Cedraz, Mudrovitsch e Embaixador Julio –, quadros extremamente preocupados com o destino do país, com o destino da nação. Essa gente muito contribuiu para a minha formação. Caros amigos Vergara e Ferreyra, eu costumo falar – brincando – que aquele grupo todo de gente tão seleta e que fez transformações profundas na história do Brasil era um *dream team*. Não por outras razões, esse Ministério contou com a presença de ninguém mais ninguém menos que Pelé. Eu costumo dizer para os amigos estrangeiros que se deparam com as fotos e os espaços dedicados a Pelé no meu gabinete

19 FERREYRA, Raúl Gustavo. "Epílogo". *In*: HÄBERLE, Peter. *Libro constitucional, de lectura y de la vida latinoamericano*: en el contexto de una teoría constitucional universal. Buenos Aires: Ediar, 2024, p. 436.

e que perguntam o porquê disso: "fui colega dele". E sempre, ato contínuo, querem saber em qual posição eu jogava.

Pois bem. As considerações do Professor Ferreyra sobre a dinâmica autoritária levam à segunda parte do título desta *lectio doctoralis*. A mesma jurisdição constitucional da liberdade que se ergueu sobre as ruínas da Segunda Guerra Mundial trouxe o gérmen de uma jurisdição constitucional funcionalmente orientada para a manutenção da ordem democrática. Trata-se de uma *jurisdição constitucional para a liberdade*, assim o digo por economia de sentido.

A tarefa de manter a supremacia da Constituição não consegue ser inteiramente dissociada da manutenção da ordem democrática. Para tanto, desenvolveu-se, em vários países filiados ao tipo do Estado Constitucional, um consenso de que a independência funcional do Poder Judiciário em muito se beneficia do estabelecimento de Tribunais Constitucionais (ou do reforço das competências das Supremas Cortes, onde se adota esse modelo).

Tribunais Constitucionais ocupam uma posição na arquitetura do Estado que lhes permitem ombrear com os órgãos de cúpula dos Poderes (Parlamento ou Congresso; Gabinete Ministerial ou Presidência da República). Esse *status* institucional reforçado foi expresso e desenvolvido pela publicística contemporânea a partir do conceito de "órgão constitucional".[20] A dignidade, claro, não decorre do rótulo. Deriva, isso

20 "*La noción de órgano constitucional fue ya implícitamente formulada por Jellinek en 1892 y explícitamente por Santi Romano en 1898, quien se plantea el problema de su distinción frente a los órganos administrativos. Conceptos próximos fueron en la literatura del tiempo los de órganos inmediatos (Gierke) o los de órganos supremos, capitales o fundamentales del Estado. En todo caso, los conceptos de órgano constitucional y sus*

sim, do exercício de uma função que não encontra correspondente perfeito na jurisdição comum.

Mais do que qualquer juiz, membros dos Tribunais Constitucionais e Supremas Cortes possuem a "responsabilidade política própria de manter o Estado de Direito e a sua capacidade regular de funcionamento".[21] Inclusive nos novos inícios da democracia, como testemunham obra e vida de Genaro Carrió, Presidente da Corte Suprema na Nação Argentina no simbólico ano de 1983.

Não é casualidade alguma que os órgãos de cúpula do Poder Judiciário e Tribunais Constitucionais tenham sido alvo de investidas em países tão diversos como Polônia, Turquia, Hungria e Venezuela. Não se pode falar de casualidade, quando há projeto. Proceder ao aparelhamento da jurisdição por sectários ideologicamente alinhados a um projeto de

fines responden a la necesidad inherente a cualquier organización de cierta amplitud y complejidad – y, por tanto, al Estado – de jerarquizar sus unidades y subunidades de decisión y acción, es decir, sus órganos" (GARCÍA-PELAYO, Manuel. "El status del Tribunal Constitucional" (1981). *Revista Española de Derecho Constitucional*, Madrid, nº 100, jan./abr. 2014, p. 16). SCHLAICH, Klaus; KORIOTH, Stefan. *Das Bundesverfassungsgericht*: Stellung, Verfahren, Entscheidungen. Munique: C. H. Beck, 2018, p. 21, bem aduzem que, no Direito alemão, entende-se que o *Bundesverfassungsgericht* ostenta natureza jurídica diferenciada em relação aos demais Tribunais justamente por ocupar a posição de um órgão constitucional (*Verfassungsorgan*).

21 BADURA, Peter. "Die Bedeutung von Präjudizien im öffentlichen Recht". *In*: BLAUROCK, Uwe (Coord.). *Die Bedeutung von Präjudizien im deutschen und im französischen Recht*: Referate des 5. Deutsch-Französischen Juristentreffens in Lübeck vom 13.-16. Juni 1984. Frankfurt: Metzner, 1985, p. 49 ("*aus der Verfassungsorganqualität des Gerichts desseneigene politische Verantwortlichkeir für die Erhaltung der rechtsstaatlichen Ordnung und ihrer Funktionsfähigkeit*").

tomada de poder é traço constitutivo dos novos autoritarismos populistas.

O Brasil participa, em boa medida, dessa mazela. Mas não compartilhou do mesmo destino desses países. O Supremo Tribunal Federal do Brasil teve considerável papel para tanto. E não é por mero caso que as pulsões autoritárias se voltam para o Supremo Tribunal Federal.

Aprendi com Juan Bautista Alberdi que os fatos políticos são sintomas: o importante mesmo é compreender quais são as forças que estão subjacentes ao fenômeno.[22] Isso vale para 1837, quando do diagnóstico de Alberdi acerca da ascensão de Rosas ao poder, mas vale também para hoje.

A Constituição de 1988 contém uma decisão clara de investir o Supremo Tribunal Federal na função principal de defesa da Constituição (artigo 102). Quem assinalou a missão disponibilizou os meios. *O que é comprovado pela tônica conferida pelo Constituinte ao controle de constitucionalidade formulado em via principal.* Decisões políticas fundamentais do Constituinte, como a ampliação do rol de legitimados para a propositura de ação direta, permitiram que questões de relevo fossem rapidamente levadas ao conhecimento do órgão de cúpula do Poder Judiciário – inclusive *omissões* inconstitucionais.

Entidades sindicais, partidos políticos e entes públicos obrigaram o Supremo a demolir a odiosa Lei de Imprensa do regime militar, a traçar critérios para a pesquisa de células-tronco, a proibir a prática do nepotismo na Administração Pública, a coibir assédios à autonomia universitária e à

22 ALBERDI, Juan Bautista. *Fragmento preliminar al estudio del Derecho*. Buenos Aires: Imprenta de la Libertad, 1837.

liberdade de sufrágio por parte de adeptos do autoritarismo nas eleições presidenciais passadas.

Tudo isso são questões constitucionais, e não questões de poder. Porque "*La política no puede tener miras diferentes de las miras de la Constitución*", como ensina Alberdi e Bidart Campos.[23]

Buenos Aires convidou-me a revisitar o porquê dessa escolha da Constituição de 1988, essa de dar peso especial ao Supremo Tribunal Federal e ao controle abstrato de constitucionalidade. Essa foi a solução tida por adequada para se equacionar crises constitucionais de modo rápido, global e eficaz; ela é parte central do equilíbrio de forças estruturado pelo Constituinte de 1988.

Buenos Aires me levou de volta ao meu curso de Mestrado. Minha dissertação foi escrita exatamente durante 1987-1988, os *anni mirabiles* da democracia brasileira. Em suas conclusões, registrei a posição preferencial dada pelo Constituinte ao controle de constitucionalidade realizado em abstrato, por via principal – até como mecanismo corretivo do controle incidental, suscitado em casos concretos.

A Universidade de Buenos Aires me lembrou, ainda, de que meu apreço pela institucionalidade deve muito a Moreira Alves, um dos maiores Ministros da história do Supremo Tribunal Federal e que foi meu orientador de Mestrado; me lembrou, igualmente, de que tive a sorte de encontrar no

23 BIDART CAMPOS, Germán. "Alberdi y la dinâmica constitucional del progreso". *Revista Jurídica Argentina La Ley*, Buenos Aires: La Ley Sociedad Anónima Editora e Impresora, 1959, p. 1.396.

Doutorado, em Münster, um orientador com semelhante estado de espírito, o Professor Hans-Uwe Erichsen.

Uma *lectio doctoralis* é, também, um inventário das afinidades. Sem a gratidão, ela é vanglória. Não cheguei aqui sozinho. Meus pais, meus filhos, meus netos, minha mulher, meus professores, a História, as adversidades... Todos me ensinaram – e me ensinam, todo dia.

Buenos Aires me recordou disso.

É com a alma em festa que posso dirigir-me a *usted*, Sr. Decano Leandro Vergara, dono de uma doutrina civilista cuja precisão e clareza honra as melhores tradições dos *sistemas maestros* de Buligyn e Alchourrón;

É com gratidão e a mão estendida para a amizade que posso me dirigir ao Professor Raúl Gustavo Ferreyra, portador de diversos títulos, mas nenhum maior do que o de *Abuelo de Aitana*;

É com alegria que posso dizer a cada um de vocês, hoje, que são minhas as palavras de Jorge Luís Borges: as ruas de Buenos Aires já são as entranhas de minha alma.[24]

24 "Las calles de Buenos Aires ya son mi entraña" ("Las calles", *Fervor en Buenos Aires*).

Gilmar Ferreira Mendes, o doutrinador e o magistrado da sociedade aberta

Raúl Gustavo Ferreyra

Professor Titular de Direito Constitucional da Faculdade de Direito (FD) da Universidade de Buenos Aires (UBA). Doutor em Direito (UBA). Pós-doutorado em Direito, FD da UBA. Membro da Comissão de Doutorado da FD da UBA. Membro do Centro Hans Kelsen de Estudos sobre a Jurisdição Constitucional (IDP).

Sr. Diretor da Faculdade de Direito da Universidade de Buenos Aires, Prof. Dr. Leandro Vergara;
Professor Gilmar Ferreira Mendes, PhD e Ministro do Supremo Tribunal Federal;
Embaixador da República Federativa do Brasil, Dr. Julio Bitelli;
cidadãos e autoridades.

O Diretor da Faculdade me escolheu para este elogio acadêmico. Brevidade é a qualidade deste pequeno discurso, embora, em virtude da missão que me foi confiada, eu deva fazer algumas reflexões. Vou dividi-las em cinco fragmentos, que passo a expor.[25]

1. Argentina e Brasil, Brasil e Argentina: como chegamos a este evento acadêmico

Nós, brasileiros e argentinos, estamos juntos no mundo desde o momento original. Nossa geração nunca saberá

25 Versão escrita da *laudatio* proferida em 30 de agosto de 2024, no âmbito da concessão do título de Doutor *Honoris Causa* da Universidade de Buenos Aires a Gilmar Ferreira Mendes. O evento foi realizado no Salão Vermelho da Faculdade de Direito. Tradução ao português por Carolina Cyrillo (Professora das Faculdades de Direito da UFRJ e da UBA). Revisão de Paulo Sávio Maia.

exatamente o início do tempo, embora ele tenha acontecido.[26] A obra de *Deus* ou da *natureza* com seus quatro elementos nos ligou e nos vinculou perpetuamente; depois, o mundo cultural desdobrou essa conversa permanente que vem ocorrendo há mais de 200 anos e está garantida para a eternidade dos tempos.

A natureza uniu nossos países para sempre, em um passado distante. As criações humanas, no presente, também desempenham seu papel. Assim, a Constituição é o instrumento mais rigoroso já inventado para o governo distribuído, responsável, controlado e racional de uma comunidade. Ela, com todas as suas partes e como a escritura fundamental de uma sociedade aberta, institui a forma inicial da ordem do Estado.

A Argentina tem uma das Constituições mais antigas do mundo. Desde 1853, ela estabeleceu um mandato indisponível no artigo 27: "o Governo Federal é obrigado a fortalecer suas relações de paz e comércio com potências estrangeiras por meio de tratados que estejam em conformidade com os princípios de direito público estabelecidos nesta Constituição". Anteriormente, o artigo 20 estabeleceu que todos os estrangeiros gozam de todos os direitos civis em território argentino. Por sua vez, a *Constituição da República Federativa do Brasil*, desde 1988 (CRFB 1988), possivelmente um dos documentos básicos mais completos, define, no artigo 4º parágrafo único, que "a República Federativa do Brasil buscará a integração

26 Baruch Spinoza disse que "a entidade eterna e infinita, que chamamos de Deus ou Natureza, funciona pela própria necessidade pela qual ela existe (...), a razão ou causa pela qual Deus ou a Natureza funciona e pela qual ela existe é uma e a mesma" (SPINOZA, Baruch de. *Ética demostrada según el orden geométrico*. Madrid: Gredos, 2014, p. 178).

econômica, política, social e cultural dos povos da América Latina, visando à formação de uma comunidade latino-americana de nações".

O Estatuto da Universidade de Buenos Aires estipula que "a Universidade promove e organiza as relações e o intercâmbio de professores e estudantes de pós-graduação com outras universidades do país e do exterior" (art. 73). Uma das atribuições do Conselho Superior da Universidade é a concessão do título de Doutor *Honoris Causa*, a mais alta distinção honorífica concedida pela Universidade, a personalidades nacionais ou estrangeiras em reconhecimento à excelência do conhecimento.

Justamente, portanto, a trajetória de reconhecimento nacional e internacional no campo do Direito sustenta a concessão do título de Doutor *Honoris Causa* a Gilmar Ferreira Mendes. Sua reconhecida capacidade, sua honradez e sua destacada trajetória profissional, institucional e acadêmica motivaram a decisão tomada por unanimidade no dia 13 de março pelo Conselho Superior, a pedido da Faculdade de Direito.

2. O *curriculum vitae* e o estudo

Gilmar Ferreira Mendes nasceu em Diamantino, Mato Grosso, Brasil, em 30 de dezembro de 1955, filho de Francisco Ferreira Mendes e Nilde Alves Mendes. Tem dois filhos, Laura e Francisco, e três netos, Cecília, Antônio e Benjamin. É casado com Guiomar Feitosa Mendes.

Formou-se em Direito pela Universidade de Brasília em 1978. Cursou Mestrado em Direito e Estado na mesma universidade, onde obteve seu certificado em 1987, com honras. Concluiu Mestrado na Westfälische Wilhelms – Universität zu Münster, Alemanha (Magister Legum – L.L.M.), com a dissertação *Die Zulässigkeitsvoraussetzungen der abstrakten Normenkontrolle vor dem Bundesverfassungsgericht* (*Pressupostos de admissibilidade do controle abstrato de normas perante o Tribunal Constitucional Alemão*), sob a supervisão do Professor Hans-Uwe Erichsen, entre 1988 e 1989.

Concluiu seu doutorado em Direito na Westfälische Wilhelms-Universität zu Münster, Alemanha, com a tese *Die abstrakte Normenkontrolle vor dem Bundesverfassungsgericht und vor dem brasilianischen Supremo Tribunal Federal* (*O controle abstrato de normas perante o Tribunal Constitucional Alemão e perante o Supremo Tribunal Federal*), também sob a supervisão do Professor Hans-Uwe Erichsen. Foi aprovado *magna cum laudae* em novembro de 1990.

Foi Procurador da República. Foi Assistente da Secretaria-Geral da Presidência da República e Consultor Jurídico da Secretaria-Geral da Presidência da República. Foi Assessor Técnico da Relatoria de Revisão Constitucional na Câmara dos Deputados. Foi Assessor Técnico do Ministério da Justiça, Subchefe de Assuntos Jurídicos da Casa Civil e Advogado-Geral da União.

Foi indicado ao Supremo Tribunal Federal (STF) pelo Presidente Fernando Henrique Cardoso e nomeado Ministro da mais alta Corte do Brasil por decreto de 27 de maio de 2002. Tomou posse em 20 de junho de 2002. Foi Presidente do STF durante o biênio 2008-2010 e Presidente do Conselho Nacional de Justiça (CNJ).

Em sua carreira de professor, trabalhou em várias unidades acadêmicas. Lecionou na Universidade de Brasília, onde atualmente é professor aposentado de Direito Constitucional da Faculdade de Direito. É professor titular de Direito Constitucional para cursos de graduação e pós-graduação no Instituto Brasileiro de Ensino, Desenvolvimento e Pesquisa (IDP). Ele também dirige o Centro Hans Kelsen de Estudos sobre Jurisdição Constitucional.[27]

Participou da elaboração de diversos projetos que posteriormente se transformaram em importantes leis, como a Lei n. 9.868/99 (ações diretas de inconstitucionalidade e constitucionalidade perante o STF), a Lei n. 9.882/99 (arguição de descumprimento de preceito fundamental) e a Lei Complementar n. 95/1998, dentre outras. Além de ser autor de projetos constitucionais, textos de propostas de emendas constitucionais e leis, participou da elaboração, coordenação e revisão dos projetos e estudos legislativos e constitucionais do governo de Fernando Henrique Cardoso e coordenou o programa federal de consolidação das leis.

Seu *curriculum vitae* de quase 200 páginas contém mais de 70 prêmios e distinções, sendo que o primeiro foi recebido em 1982.

3. Itinerário na doutrina autoral e contribuições exclusivas

Nós, escritores, fazemos nosso trabalho; depois, o leitor, de boa-fé, decide. Há escritores que desejam ser lidos muitas

27 A página do referido centro está disponível em: https://www.idp.edu.br/centro-hans-kelsen/#sobre.

vezes por um único leitor e outros que desejam ser lidos uma vez por muitos leitores. Por essa razão, não acredito que o escritor possa escolher seus leitores, pois toda escrita é um texto aberto. Gilmar Ferreira Mendes tem 159 contribuições em revistas jurídicas e 98 livros publicados e organizados (em diferentes edições e em coautoria).

Qualquer escolha seria injusta, parcial e equivocada. No entanto, nesta ocasião, escolho aqui as 17 edições do Curso de Direito Constitucional,[28] em coautoria com Paulo Gustavo Gonet Branco, porque para qualquer autor esse número de edições de uma obra de quase 1.800 páginas sugere, sem dúvida, a aprovação da comunidade acadêmica, pela clareza e solvência de suas descrições.

Como coordenador e organizador, gostaria de destacar uma obra monumental: *Comentários à Constituição do Brasil*. O texto descreve e avalia todas as partes da Lei Fundamental. A contribuição de mais de 150 autores ocupa 2.616 páginas. Contém também referências bibliográficas e jurisprudenciais sobre 35 anos de desenvolvimento constitucional. Uma obra notável, única por seu altíssimo conteúdo científico, com a coordenação científica de Gilmar Ferreira Mendes, Ingo Sarlet, Lenio Streck e J. J. Gomes Canotilho. Na "Nota introdutória" à primeira edição, publicada em 2013, os coordenadores científicos afirmam que comentar sobre a CRFB 1988 é como relembrar o *Libro de Arena*, de Jorge Luis Borges. Na narrativa de Borges, *O Livro de Areia* não tem começo nem

28 MENDES, Gilmar Ferreira; BRANCO Paulo Gustavo Gonet. *Curso de Direito Constitucional*. São Paulo: Saraiva/Instituto Brasileiro de Ensino, Desenvolvimento e Pesquisa, 2022.

fim, pois é exatamente infinito. Com suas mais de 3.000.000 de palavras, *Comentários à Constituição do Brasil*, em seu tamanho fenomenal, é o "*Libro de Arena*" do constitucionalismo sul-americano.[29]

Para continuar a resumir suas contribuições, o número de capítulos de livros publicados é de 103, e o número de textos em jornais e revistas é de 26. Devem ser contabilizadas ainda outras 43 "produções bibliográficas" (prefácios, epílogos, apresentações); em especial, duas traduções merecem destaque: uma obra de Peter Häberle, *Hermenêutica constitucional: a sociedade aberta dos intérpretes da Constituição, contribuição para a interpretação pluralista e procedimental da Constituição* (1997); e outra de Konrad Hesse, *A força normativa da Constituição* (1991). Gilmar Ferreira Mendes se apropriou das linhas vigorosas desses dois constitucionalistas alemães e as desenvolveu em benefício do Brasil e de toda a América; sem sua contribuição como tradutor e depois como jurista, elas não seriam conhecidas nestas terras.

Além disso, participou da banca de 61 júris de mestrado e de 36 teses de doutorado. Obviamente, esses dados oferecem um volume enorme e substancial de sua carreira acadêmica, embora, obviamente, dada a peculiaridade deste texto, ele não possa e não deva ser abraçado em sua totalidade.

Em sua laboriosa análise e avaliação da Constituição, o Professor Ferreira Mendes abordou e comentou todas as partes

29 CANOTILHO, J. J. Gomes; MENDES, Gilmar Ferreira; SARLET, Ingo; STRECK, Lenio. *Comentários à Constituição do Brasil*. 3ª ed. rev. atual. São Paulo: Editorial Saraiva/Almedina; Brasília: Instituto Brasileiro de Ensino, Desenvolvimento e Pesquisa (IDP), 2023.

da Lei Fundamental: suas simples declarações, sua composição, sua estrutura democrática e seu ambiente de uma sociedade aberta. Assim, sua produção científica e escrita logo completará 40 anos. Não é possível nem está ao meu alcance resumir ou sintetizar essa enciclopédia de Direito Constitucional. Seria necessário um grupo de juristas para fazê-lo. No entanto, desejo compartilhar com o prestigioso público que nos acompanha neste ato acadêmico um caminho dominante em toda a sua doutrina autoral. Como antecipei, a existência e o desenvolvimento de uma sociedade aberta de cidadãos, sob a regulação de uma Constituição com força normativa, constituem a linha mestra de sua construção dogmática e teórica.

No século XXI, poucas ideias são concluídas em uma única frase. Uma dessas construções, o discurso sobre uma "sociedade aberta", foi concebido por Karl R. Popper no século XX:

> Se quisermos continuar sendo humanos, só há um caminho a seguir, o da sociedade aberta. Devemos avançar rumo ao desconhecido, ao incerto e ao instável, usando qualquer razão que possamos reunir para nos proporcionar a segurança e a liberdade a que aspiramos.[30]

Uma sociedade aberta deve ser formada por cidadãos igualmente livres que devem ser guiados sem tabus, líderes previdentes ou messias. A sociedade aberta é o oposto de magia, irracionalidade, populismo, insulto, desrespeito, abuso e ofensa. A sociedade aberta é a afirmação da razão para

30 POPPER, Karl R. *La sociedad abierta y sus enemigos*. Madrid: Paidós, 2010, p. 195.

construir uma comunidade solidária baseada no respeito a cada cidadão. Uma comunidade aberta é aquela em que cada cidadão deve ter garantido o poder de pensar, planejar e realizar todo o seu itinerário pessoal e existencial, sem qualquer influência que não seja a de sua própria deliberação, elaborada com razões para a ação.

Uma sociedade aberta, é claro, é contrária a uma sociedade fechada, na qual, sob qualquer mecanismo despótico ou totalitário, a individualidade do cidadão é anulada e um projeto irracional sustentado na autocracia é perseguido. Em uma sociedade fechada, não há pensamento livre e tudo depende de uma reverenda providência que um líder leva ao abismo e, também, ao além; porque tudo é um monólogo. Aqui, eu incentivo uma notável sociedade aberta, na qual a República deve ser fundada, em cujo seio cada cidadão toma suas decisões existenciais: ou todos realizarão o sistema da Constituição, ou a Lei Fundamental é uma forma de dominação perpetrada, na melhor das hipóteses, por uma aristocracia.

A esse respeito, em sua Aula Magna "A força normativa da Constituição e a sociedade aberta",[31] Gilmar Ferreira Mendes argumentou o seguinte:

31 MENDES, Gilmar Ferreira. "La fuerza normativa de la Constitución y la sociedad abierta". *Conferência Magna*, 20 mar. 2024 (texto original gentilmente cedido pelo autor). Disponível em: https://www.youtube.com/watch?v=NefU-1gyx4n8 e http://www.derecho.uba.ar/institucional/deinteres/2024/webinarios-la-fuerza-normativa-de-la-constitucion-y-la-sociedad-abierta. Acessado em: 19.03.2025.

O momento atual é crítico para as democracias ocidentais. Elas são desafiadas abertamente pelas hordas de um autoritarismo perigosamente envolvido em estratégias de desinformação. Elas radicalizam o discurso político, transformando adversários em inimigos a serem eliminados. Eles distorcem o debate público e eliminam a possibilidade de diálogo. Tudo isso configura um cenário hostil que representa um desafio direto ao projeto do constitucionalismo moderno (ordens políticas baseadas na liberdade, igualdade e fraternidade).

Assim, seguindo os passos de Peter Häberle, Ferreira Mendes propôs que "a interpretação constitucional não é propriedade de ninguém: os cidadãos e os grupos de interesse, os órgãos estatais, o sistema público e a opinião pública são forças produtivas da interpretação". Por sua vez, a força normativa da Constituição implica seu reconhecimento aberto como uma regra que deve ser obedecida por autoridades e cidadãos.

A Constituição é uma obra por excelência da razão humana. O cumprimento de seus princípios e regras deve levar em conta o passado e o presente da comunidade, cujo objeto promove e incentiva a realização de suas normas. É por isso que a Constituição é o fundamento do Estado e exige, para aprofundar suas possibilidades normativas, a necessidade de aceitar e receber as demandas do presente. A existência da Constituição, a Escritura fundamental produzida e exposta no mundo, de forma séria, faz parte da realidade. Não se pode derivar a sua eficácia, porque ela continua existindo, mesmo com o seu descumprimento.

A tensão entre validade e factualidade no cenário constitucional assume o maior significado jurídico e um certo drama político. A Lei Básica é a única, exclusiva, exclusiva e inviolável "lei suprema" para todas as autorizações legais no Estado Constitucional. Qualquer autorização tentada pelos Poderes constituídos em manifesta transgressão das normas da Constituição democrática, especialmente por líderes presidenciais que se consideram onipotentes, deve ser insanamente nula e viciada por nulidade absoluta.

Nosso professor aqui elogiado assume com integridade um problema real que é o capital de qualquer Constituição: suas possibilidades de realização. Uma vez que uma Constituição tenha sido discutida, fundamentada e escrita, a institucionalização de seus regulamentos dependerá da realidade política. Se fosse assumido que a interpretação da Constituição, sua concretização, não envolve uma questão de Direito, ela perderia sua natureza de norma e qualquer tendência política poderia fazê-la desaparecer e transformá-la em uma mera folha de papel que se desmancharia com qualquer vento.

Gilmar Ferreira Mendes nos esclarece no texto de sua "Conferência Magna":

> Konrad Hesse mostrou que já havia percebido isso com clareza singular em sua famosa palestra inaugural de 1958, "Die normative Kraft der Verfassung". Lá ele disse: "a norma constitucional só pode ser eficaz se buscar construir o futuro com base na natureza única do presente (...)". A previsão de Hesse é, acima de tudo, um chamado à ação: a força normativa da Constituição é o resultado de um compromisso coletivo de indivíduos e autoridades públicas;

é a "vontade de Constituição" de muitos que dá à Constituição sua força.

A partir da coleção de argumentos acima, é possível inferir a presença relevante dessas ideias no pensamento de Ferreira Mendes. Essas contribuições são extremamente importantes, pois uma sociedade aberta é uma comunidade de iguais fundada e sustentada pela razão. A linguagem dessa comunidade para manter a concórdia, precisamente, é o exercício racional dos poderes que, com vocação para o presente e traços de futuro, dialoga com o passado com o objetivo de realizar a vontade prática da ideologia constituinte, tudo fundado na normatividade atualizada e concretizada da *summa* regra da ordem jurídica.

4. Doutrina judicial

Em recente livro intitulado *Gilmar Mendes, 20 anos de STF: o acadêmico, o gestor, o juiz*,[32] o Dr. Lenio Streck afirma que o nosso laureado professor "personifica uma fusão de horizontes entre um magistrado e um acadêmico". A definição é muito apropriada. Eu gostaria de complementar essa ideia. Gilmar Ferreira Mendes sempre trilhou dois dos caminhos oferecidos ao Direito: a razão teórica do estudo e a razão prática de sua efetiva implementação, seja ela jurisdicional, administrativa ou legislativa. Seu compromisso no exercício da magistratura

32 FONSECA FILHO, Celso José da; CHAER, Márcio (Coord.). *Gilmar Mendes, 20 anos de STF*: o acadêmico, o gestor, o juiz. São Paulo: Conjur Editorial, 2023. O "Prefácio" de Streck pode ser encontrado nas pp. 9-19.

prática tem sido global com as especulações da ciência. E seu compromisso com a dogmática também tem sido total com as razões impostas pela realidade.

Gilmar Ferreira Mendes sempre caminhou pelas duas avenidas do Direito: a teoria e a prática. É um caminhante colossal e magnífico, como quase pouquíssimos juristas e magistrados foram capazes de fazer em toda a história do conhecimento constitucional. Ele teve que enfrentar – e deve continuar a enfrentar – a tensão constante entre a normatividade racionalizadora da Constituição e os comportamentos muitas vezes flutuantes e irracionais, a própria facticidade que emerge da realidade política. Nessa tensão, que nunca desaparecerá, ele sempre tentou buscar a força normativa "limitadora, ordenadora e motivadora" da Constituição.[33]

O STF é um dos tribunais mais importantes do mundo. Por várias razões, entre elas, porque exerce seu poder jurisdicional e é a instituição de fechamento do sistema jurídico estatal em uma das democracias constitucionais mais difundidas do planeta. É uma tarefa empiricamente impossível fazer uma lista de decisões do STF devido ao seu valor judicial e político. No entanto, escolhi arbitrariamente uma série de "votos emblemáticos" de Gilmar Ferreira Mendes.[34]

33 HESSE, Konrad. "La fuerza normativa de la Constitución". *In*: ______. *Escritos de derecho constitucional*. 2ª ed. Madrid: Centro de Estudios Constitucionales, 1992, p. 99.

34 Sobre o período de sua presidência, veja a contribuição de VAL, Eduardo Manuel; FERREIRA, Siddharta Legale. "A 'Corte' Gilmar Mendes revisitada (2008-2010): mais ativismo no controle de constitucionalidade brasileiro?" *In*: BELLO, Enzo (Coord.). *Ensaios críticos sobre direitos humanos e constitucionalismo*. Caxias do Sul: Educs, 2012, pp. 103-126.

1. Competência do Supremo Tribunal Federal para avaliar o caráter político, ou não, do crime atribuído ao extraditando e a concessão de refúgio por ato do Poder Executivo (Caso Cesare Battisti) – Extradição 1.008 e 1.085.

2. Ampla defesa e contraditório: impacto dos direitos fundamentais nas relações privadas – Recurso Extraordinário (RE) 201.819.

3. Prisão civil – Proibição – Respeito ao Pacto de São José da Costa Rica – Grau normativo supralegal e infraconstitucional dos tratados internacionais de direitos humanos – Inaplicabilidade de legislação infraconstitucional contraditória com a CADH – RE 349.703.

4. Direito à saúde e fornecimento de medicamentos – Suspensão de Tutela Antecipada: 178 e 175.

5. Financiamento de campanhas eleitorais por pessoas jurídicas – Ação Direta de Inconstitucionalidade 4.650.

6. Liberdade profissional, liberdade de imprensa e a profissão de jornalista – RE 511.961.

7. Omissão constitucional e direito de greve dos servidores públicos: Mandado de Injunção 708.

8. Restrição temporária de cultos religiosos presenciais durante a pandemia da COVID – Arguição de Descumprimento de Preceito Fundamental 811.

9. A suspeição do ex-juiz Sérgio Moro no processo cri-

minal contra o ex-Presidente Lula e o debate sobre a imparcialidade judicial como componente dos direitos fundamentais – *Habeas Corpus* 164.493.

Seu trabalho como Presidente do Conselho Nacional de Justiça (CNJ) também deve ser levado em conta. Assim, destaco os seguintes projetos criados durante o mandato de Gilmar:

1. Programa "Mutirões Carcerários" (mais de 114.000 casos examinados, quase 35.000 benefícios concedidos, incluindo aproximadamente 21.000 alvarás de soltura para presos injustamente encarcerados).

2. "Começar de Novo" (mais de 1.700 vagas de emprego oferecidas a ex-presidiários por organizações públicas e privadas).

3. "Advocacia voluntária" (assistência jurídica gratuita para a população carcerária economicamente necessitada).

4. "Casas de Justiça e Cidadania" (utilização dos espaços públicos do Judiciário para ações de cidadania).

A descrição acima pelo menos aproxima o leitor dos aspectos vitais do trabalho judicial e do trabalho realizado no CNJ. Fica claro que há uma preocupação constante com a proteção e o desenvolvimento dos direitos fundamentais. A mesma preocupação que se demonstra com um exercício limitado, responsável e democrático da função jurisdicional. Em outras palavras: um exercício racional da jurisdição constitucional da liberdade dos cidadãos para a liberdade de todos, sem fissuras ou exclusões. O constitucionalismo cívico que emana exemplarmente da Constituição de 1988, instrumento do qual Gilmar é um de seus defensores dogmáticos e um nobre magistrado.

5. *Telón*

Gilmar Ferreira Mendes é um homem altamente comprometido com o Estado de Direito e com a existência de uma Constituição, cujas normas devem ser objeto de ação responsável e decisiva de todos: cidadãos e servidores públicos. Assim, não haverá outra conformação da realidade política que não seja aquela que vem da Constituição, a linguagem da razão cidadã. Não haverá outro Estado que não seja aquele determinado pela Escritura fundamental. Isso certamente lançará as bases para a vida democrática, porque sem uma Constituição acordada, deliberada e consensualmente acordada por uma cidadania na mutualidade de sua concórdia, a brutalidade do mais forte prevalecerá.

Um mundo governado por uma Constituição democrática, levado a sério, é o melhor de todos os mundos possíveis.[35] Não é um mundo perfeito, nem surge da sabedoria de um Deus. Simplificando: é uma invenção humana e, portanto, tão aperfeiçoável quanto mutável. Assim, o sistema constitucional é composto de princípios e regras, e sua normatividade,

35 LEIBNIZ, Gottfried. *Teodicea*: Ensayos sobre la bondad de Dios, la libertad del hombre y el origen del mal. Madrid: Biblioteca Nueva, 2022, p. 65.

tão desejável quanto muitas vezes ineficaz, é o único artefato disponível para determinar a conduta dos seres humanos.

Há trinta anos, o Prof. Dr. Peter Häberle me disse em uma conversa na Floresta Tlalpan, no México: "você e o Gilmar deveriam se conhecer e trabalhar por uma sociedade aberta". Assim, cumprimos, honrosamente, com mandato legado de nosso mestre em comum.

Prezado e respeitado Prof. Dr. Gilmar Ferreira Mendes, seja bem-vindo à Universidade de Buenos Aires. Agora, também, esta será sua nova casa. Para sempre. E para que todos nós desfrutemos de sua notável cultura, de sua erudição científica e de seus dons pessoais.

Muito obrigado por sua paciência e atenção.

REFERÊNCIAS BIBLIOGRÁFICAS

ALBERDI, Juan Bautista. *Fragmento preliminar al estudio del Derecho*. Buenos Aires: Imprenta de la Libertad, 1837.

BADURA, Peter. "Die Bedeutung von Präjudizien im öffentlichen Recht". *In*: BLAUROCK, Uwe (Coord.). *Die Bedeutung von Präjudizien im deutschen und im französischen Recht*: Referate des 5. Deutsch-Französischen Juristentreffens in Lübeck vom 13.-16. Juni 1984. Frankfurt: Metzner, 1985.

BIDART CAMPOS, Germán. "Alberdi y la dinâmica constitucional del progreso". *Revista Jurídica Argentina La Ley*, Buenos Aires: La Ley Sociedad Anónima Editora e Impresora, 1959.

CANOTILHO, J. J. Gomes; MENDES, Gilmar Ferreira; SARLET, Ingo; STRECK, Lenio. *Comentários à Constituição do Brasil*. 3ª ed. rev. atual. São Paulo: Editorial Saraiva/Almedina; Brasília: Instituto Brasileiro de Ensino, Desenvolvimento e Pesquisa (IDP), 2023.

CAPPELLETTI, Mauro. *La Jurisdicción Constitucional de la Libertad*. Trad. Héctor Fix-Zamudio. Ciudad de México: Imprenta Universitária, 1961.

FERREYRA, Raúl Gustavo. "Epílogo". *In*: HÄBERLE, Peter. *Libro constitucional, de lectura y de la vida latinoamericano*: en el contexto de una teoría constitucional universal. Buenos Aires: Ediar, 2024.

A Editora Contracorrente se preocupa com todos os detalhes de suas obras! Aos curiosos, informamos que este livro foi impresso no mês de abril de 2025, em papel Pólen Natural 80 g/m².